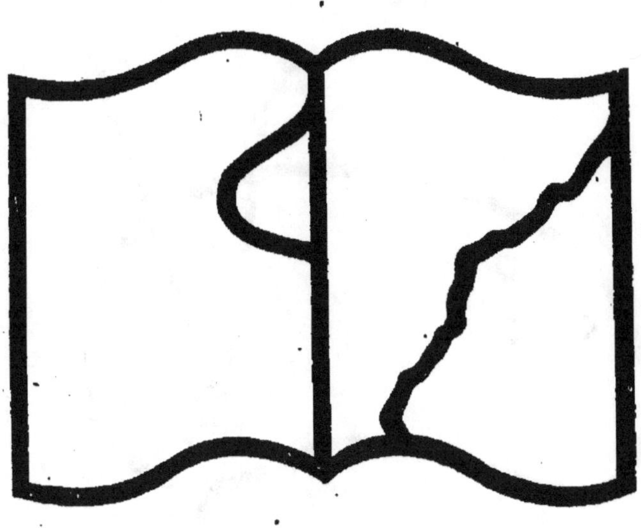

VALABLE POUR TOUT OU PARTIE DU
DOCUMENT REPRODUIT

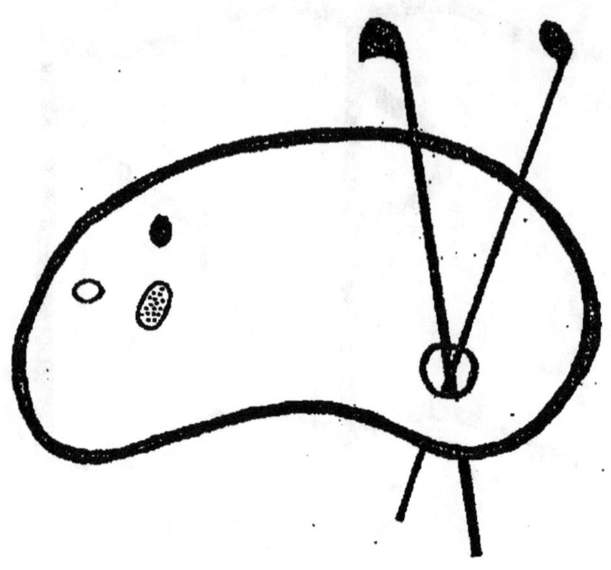

DEBUT D'UNE SERIE DE DOCUMENTS
EN COULEUR

SCIENCE ET RELIGION
Etudes pour le temps présent
SÉRIE HISTORIQUE
publiée sous les auspices de la Société Bibliographique

LES
MISSIONS PROTESTANTES
A LA FIN DU XIXᵉ SIÈCLE

PAR

l'abbé P. PISANI

Chanoine de Paris, Docteur ès-lettres
Professeur honoraire à l'Institut catholique de Paris

PARIS
LIBRAIRIE BLOUD & Cⁱᵉ
4, RUE MADAME ET RUE DE RENNES, 59
1903

SOCIÉTÉ BIBLIOGRAPHIQUE

ET DES PUBLICATIONS POPULAIRES
5, rue Saint-Simon, Paris, VIIe

t de la Société. — La Société Bibliographique a pour but
ir tous les hommes d'intelligence et de cœur, désireux de mettre
nun leurs efforts au service de la Religion et de la Science.

cet effet, elle favorise la création de *bibliothèques*, de *cabinets*
re, *la publication d'ouvrages pour les classes dirigeantes et po
lasses populaires*, ouvre *des conférences scientifiques, littéraires
les*; elle signale tous les mois, dans le **Polybiblion** (*Revue bibl
hique universelle*), les ouvrages parus en France et à l'Étrange
elle envoie *gratuitement* à tous ses membres son **Bulletin mensu
ontient une *bibliographie de livres approuvés et destinés à la créati
bliothèques populaires catholiques*.

antages réservés aux Sociétaires. — 1° Au point de v
al : les Sociétaires contribuent à la conservation de la Foi.

Au point de vue intellectuel : *Renseignements bibliographiqu
de revues de la Bibliothèque de la Société ;* droit aux **prêts
othèques** renouvelables (*demander les notices spéciales*).

Au point de vue matériel : la Société assure à ses membr
avantages tels qu'ils rentrent, et au-delà, dans le monta
ur cotisation.

Ressources. — Elles se composent : 1° de la cotisation de to
nembres associés-correspondants, laquelle est de **10 fr.** p
n peut s'en exonérer moyennant le versement d'une som
50 fr. une fois payée.

Des apports des membres titulaires, qui sont de la somme
r. *au moins* une fois payée. (Ce versement n'exempte pas
isation annuelle de 10 fr., mais il donne droit à être éligib
e membre du Conseil de la Société).

Des dons extraordinaires qui lui sont faits.

ultats obtenus. — La Société Bibliographique est arrivée à inscri
s listes plus de *neuf mille cinq cents sociétaires* ; chaque année el
nombreux envois de livres pour bibliothèques catholiques et po
utions de prix aux enfants de nos écoles libres.

r plus amples renseignements, s'adresser **directement** à
é, 5, rue Saint Simon.

SCIENCE ET RELIGION

:udes pour le temps présent. — Prix : 0 fr. 60 le vol.

Autorité humaine des Livres saints, par le P. MÉCHINEAU, S. J. 1 vol.
l'est-ce que le miracle ? — *Analyse de sa notion. Ses éléments cons-
titutifs,* par l'abbé E. COSTE. 1 vol.
:s trois Formes du Surnaturel. *Le Miracle, la Révélation et la
Grâce,* par Pierre VALLET, P. S. S. 1 vol.
: même auteur : Dieu principe de la loi morale. 1 vol.
l Bible depuis son origine jusqu'à nos jours, par M. l'abbé CHAU-
VIN. 2 vol. se vendant séparément.
  La Bible chez les Juifs. 1 vol.
  La Bible dans l'Eglise catholique. 1 vol.
:udes sur l'origine de la Société, par le R. P. MONTAGNE, des Frères-
Prêcheurs. 3 vol. se vendant séparément.
  La Théorie du Contrat social. 1 vol.
  La Théorie de l'Organisme social, d'après l'Ecole naturaliste. 1 vol.
  La Théorie de l'Etre social, d'après saint Thomas d'Aquin. 1 vol.
: Problème de la Souffrance humaine. — *Pourquoi souffrir ?
Triple réponse chrétienne,* par le P. BADET, de l'Oratoire. 1 vol.
: Matérialisme et la Nature de l'Homme, par M. l'abbé G. CONTES-
TIN, chanoine titulaire de Nîmes. 1 vol.
: Mouvement religieux en Angleterre au XIXᵉ siècle, par le
R. P. RAGEY. Mariste. 3 vol. se vendant séparément.
  L'Anglicanisme. 1 vol.
  Le Ritualisme. 1 vol.
  Le Catholicisme en Angleterre. 1 vol.
: Liberté d'Enseignement. *Aperçu historique,* par M. l'abbé LAU-
RENT. 1 vol.
:valités scientifiques ou la Science catholique et la prétendue
Impartialité des Historiens, par le R. P. TH. ORTOLAN, 3 vol. se
vendant séparément.
  La Manie du Dénigrement. 1 vol.
  Les Fausses réputations. 1 vol.
  Les Oubliés. 1 vol.
Occultisme contemporain. — *Ses doctrines et ses divers systèmes,*
par Charles GODARD. 1 vol.
volution, Progrès, Liberté, par P. VALLET. 1 vol.
:s Qualités de l'Educateur, par J. GUIBERT, P. S. S. 1 vol.
l Bible et les Théories scientifiques, par M. l'abbé B. COLOMER 1 vol.
Origine apostolique du Nouveau Testament, par le P. Lucien MÉ-
CHINEAU, S. J. 1 vol.
asard ou Providence. *Le Problème des Causes finales,* par le
R. P. J.-D. FOLGHERA, des Frères-Prêcheurs. 1 vol.
: Conservation de l'Energie et la Liberté morale, par le
R. P. DE MUNNYNCK, O. P. 1 vol.
: Péché originel dans Adam et ses descendants. *Exposé apologé-
tique,* par le R. P. LE BACHELET, S. J. 2 vol.
: Monde Juif au temps de Jésus-Christ et des Apôtres, par
l'abbé BEURLIER. 2 vol.
: Dogme chrétien dans la Religion juive, par A.-F. SAUBIN 1 vol

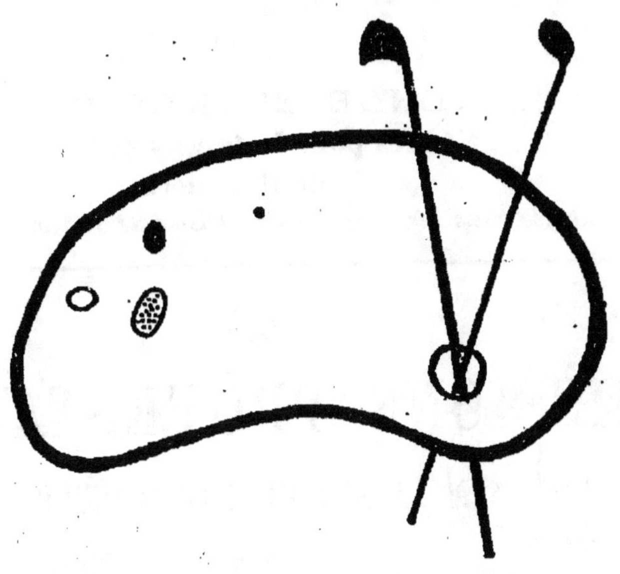

FIN D'UNE SÉRIE DE DOCUMENTS
EN COULEUR

SCIENCE ET RELIGION
Études pour le temps présent
SÉRIE HISTORIQUE
publiée sous les auspices de la Société Bibliographique

LES
MISSIONS PROTESTANTES
A LA FIN DU XIXᵉ SIÈCLE

PAR

l'abbé P. PISANI

Chanoine de Paris, Docteur ès-lettres
Professeur honoraire à l'Institut catholique de Paris

PARIS
LIBRAIRIE BLOUD & Cⁱᵉ
4, RUE MADAME ET RUE DE RENNES, 59
1903

MISSIONS PROTESTANTES

A LA FIN DU XIX⁰ SIÈCLE

INTRODUCTION

Le dernier quart du xix⁰ siècle a été marqué dans l'histoire de l'Europe par le développement extraordinairement actif des entreprises coloniales. Après le traité de Francfort, les grandes puissances militaires étaient obligées à la paix pour refaire leurs forces, mais cette paix était une paix armée ; il fallait entretenir les cadres nécessaires pour englober au moment voulu toute une nation, et dans cette phalange d'officiers jeunes et ardents, il y avait des hommes que le besoin d'activité travaillait ; à l'oisiveté des garnisons ils préféraient la vie d'explorateurs, les périls et les gloires des expéditions lointaines ; c'était le seul moyen de les entraîner, de les tenir en haleine. L'expansion coloniale fut donc une nécessité militaire.

D'un autre côté, la paix, dans l'ordre politique, se juxtaposait dans l'ordre économique à une guerre acharnée ; or, la production intense, condition essentielle de la production à bas prix, exigeait une augmentation considérable des exportations. Mais la guerre des tarifs rétrécissant de plus en plus l'entrée des pays civilisés, il fallait s'assurer des débouchés nouveaux et constituer, au détriment des pays non civilisés ou réputés tels, de vastes domaines coloniaux dont les habitants deviendraient les clients de la production nationale.

L'Europe se rua donc sur les pays dits indépendants ; l'Afrique fut dépecée jusqu'au dernier morceau ; ce dernier morceau, l'Abyssinie, fut jugé coriace par l'Italie qui voulait l'absorber. Partout on créait ce qu'on a appelé du nom assez mal trouvé de « Sphères d'influence ». En Asie, l'Inde anglaise et l'Indo-Chine française débordèrent sur les régions limitrophes, pendant que la Russie marchait du Sud au Nord sur un front comprenant toute la largeur du Continent ; elle s'est annexé le nord de la Chine et a occupé l'Asie centrale ; la Perse a complètement subi sa prépondérance et de Trébizonde à Jérusalem, la propagande moscovite se fait sentir, d'autant plus inquiétante qu'elle est plus insaisissable. Enfin, l'Empire chinois s'est ouvert aux entreprises de l'Europe ; il l'a fait de fort mauvaise grâce, mais il a dû accepter les bienfaits d'une civilisation qu'il ne comprend pas, qu'il méprise et qu'il hait.

Après une occupation hâtive, quand il fallut consolider les premiers résultats et organiser la conquête, l'officier eut à compter ses auxiliaires. Or, presque partout le conquérant civilisateur avait été précédé par un autre civilisateur, le missionnaire, et là où la mission ne faisait que suivre la troupe armée, il ne tardait pas, conquérant pacifique, à être d'un puissant secours à la mère patrie.

Ce n'est sans doute pas pour cela que les missions ont été fondées, mais le but supérieur qu'elles se proposent n'exclut pas d'autres fins moins surnaturelles et cependant très nobles. Les services rendus appelèrent sur les missions l'attention et la reconnaissance ; aussi bien en France qu'en Allemagne, des hommes d'Etat, catholiques peu fervents ou protestants rationalistes furent amenés à reconnaître que les missions étaient une institution qui, même au point de vue humain, était digne des plus grands encouragements. Je ne parle pas des Anglais dont le sens pratique nous avait depuis longtemps devancés sur cette voie.

L'œuvre des missions commença donc à se faire connaître en dehors du petit groupe de croyants à la charité inépuisable qui les avaient soutenues jusque-là. Des hommes politiques, des financiers, des militaires, des professeurs, des économistes et des industriels prirent intérêt à la question des missions en tant qu'elles étaient liées aux grandes pensées nationales ou au progrès économique du pays ; et, pour satisfaire leur curiosité légitime, des publications ne tardèrent pas à paraître où ils apprendraient avec précision en quoi consistaient des entreprises qu'ils jugeaient louables, mais dont ils ignoraient autant les origines que les conditions de fonctionnement. On espéra, en présentant ce tableau à des hommes de bonne foi, qu'il serait possible de déraciner certains préjugés irréligieux. Pendant longtemps, les missionnaires avaient été, aux yeux d'hommes instruits comme j'en connais, des gens que conduit uniquement le désir de dominer. Mais à celui qui connaît, et ce que cette prétendue domination coûte de privations, de fatigues, de dépenses, de persécutions et de chagrins, la vérité ne laisse pas de se manifester et alors apparaît aux yeux non prévenus le véritable mobile qui entraîne tant d'âmes d'apôtres sur le chemin du sacrifice, à la suite de la Divine Victime qui, la première, a répandu son sang pour le salut des hommes. Faire comprendre à quelques-uns de nos contemporains, qu'il y a un plus bel emploi de la vie que la recherche du bien-être, que la satisfaction des caprices et la poursuite des jouissances, annoncer, en la pratiquant, la loi du renoncement, de l'oubli de soi-même est une prédication plus utile et plus efficace que quelques déclamations sur l'« altruisme » ou la solidarité. Par ce côté aussi, les missions ont été bienfaisantes en faisant pénétrer quelques idées fortes dans une société que ruinent la mollesse et l'égoïsme.

En parlant ainsi, je ne pense pas exclusivement aux missions catholiques ; les missions des protestants, si peu connues, méritent quelque attention et, comme prêtre, je me crois tenu, en esprit de justice, de présenter au public catholique un tableau fort abrégé de ce que font nos frères séparés.

Il faut se garder de les juger tous d'après quelques prédicants excentriques tels que ceux dont les agissements en Algérie ont provoqué naguère un débat parlementaire. Les plaisanteries faciles, auxquelles ces incidents ont donné lieu, n'ont contribué à procurer ni l'apaisement ni la lumière ; des accusations qui ne reposaient que sur des antipathies n'ont profité qu'à ceux qui en étaient victimes. Pour les hommes de bonne foi, qui ne se paient pas de mots, il y a dans la propagande protestante un grand fait à étudier ; un fait considérable, inquiétant par certains côtés, mais qui peut conduire à d'utiles réflexions et donner des enseignements profitables. Il y a des milliers d'hommes et de femmes qui se consacrent, en dehors du catholicisme, à la prédication chrétienne et ils ne le font pas sans arriver à des résultats que nous n'avons le droit ni d'ignorer ni de nier. C'est prétendre donner un démenti aux faits indiscutables que de refuser le zèle, l'abnégation, l'esprit apostolique aux membres des Sociétés protestantes qui travaillent à l'évangélisation des infidèles ; et si, comme catholiques, nous devons regretter que ces trésors soient prodigués pour le service d'une cause que nous ne pouvons pas dire la bonne, cela ne nous autorise pas à combattre nos adversaires autrement qu'avec des armes loyales. En supposant démontrés les agissements qu'on reproche aux missionnaires protestants d'Algérie, il faudrait établir que la plupart des autres leur ressemblent et que la *North-Afrika-Mission* ne forme pas, comme nous le verrons ci-après, un groupe d'isolés, marchant en dehors des voies ordinaires et, à ce titre, traités en suspects par leurs coreligionnaires eux-mêmes.

En dehors de quelques sectes qui ont plus le don de la combattivité que celui de la mesure, les missionnaires protestants usent à l'égard des nôtres de procédés qui, extérieurement au moins, sont courtois et même délicats ; et, travaillant avec bonne foi à une œuvre bonne, ils sentent combien il est important qu'eux, ministres de paix, ne donnent pas l'exemple de la discorde. Pendant les massacres de Chine, aux heures du danger, on a vu parfois les missionnaires catholiques et protestants associés pour sauver leur vie ; ne doivent-ils pas toujours pratiquer la douceur et l'indulgence réciproque pour obtenir ce à quoi ils doivent tenir plus qu'à leur propre vie : le salut des infidèles auxquels ils se sont consacrés ? On ne leur demande pas de transiger sur les questions de principe : ils n'en ont pas le droit ; mais leur devoir est de pratiquer cette charité chrétienne qui doit les animer tous. A voir lesquels méconnaissent ce précepte supérieur, on reconnaîtra de quel côté est le véritable esprit chrétien.

L'histoire des missions protestantes est généralement peu connue en France ; nous allons essayer d'en exposer brièvement les origines, les tendances, les développements et la situation présente.

LES PREMIÈRES MISSIONS PROTESTANTES

Ce qui surprend tout d'abord, c'est de constater que les missions protestantes ne datent que du début du XIXᵉ siècle ; jusque-là, les nations qui avaient embrassé la Réforme s'étaient à peu près abstenues de tout effort au dehors ; il y a là un problème dont il serait intéressant de donner la solution, tout au moins pouvons-nous la chercher

Disons d'abord que les missions catholiques n'ont pas été toujours organisées comme nous les voyons aujourd'hui ; pendant longtemps, les prédicateurs de l'Evangile ont travaillé individuellement, et, quand se sont fondés les grands Ordres apostoliques des Franciscains et des Dominicains, on a procédé encore par tâtonnement.

La difficulté des voyages était à cette époque un obstacle presque insurmontable, et si des pionniers audacieux comme Jean du Plan Carpin et Rubruquis, franciscains l'un et l'autre, ont pu parvenir jusqu'en Chine et y faire des fondations destinées à durer quelque temps, ce fut au prix d'efforts qui ne pouvaient ni se généraliser, ni même se continuer indéfiniment dans des circonstances aussi défavorables.

L'œuvre d'évangélisation se poursuivait sans doute, mais surtout en Europe et par la méthode de propagation progressive, d'abord en extirpant les restes de paganisme qui subsistaient encore dans les pays chrétiens, puis en gagnant de proche en proche comme ont fait les missionnaires allemands pour conquérir la Prusse, la Pologne, la Hongrie et les pays balkaniques ; à la même époque, c'est-à-dire vers la fin du xe siècle, l'Eglise de Constantinople exerçait son action sur les Bulgares et les Russes ses voisins.

Ce fut aussi l'esprit d'apostolat qui contribua à l'essor des Croisades ; délivrer le tombeau du Christ était pour une partie des croisés le moyen de convertir les populations asiatiques. Une autre tendance prévalut bien vite, et plus d'un prince parti pour la Terre-Sainte en pèlerin et en apôtre y arriva en conquérant ; détournées de leur véritable but, les saintes expéditions dégénérèrent rapidement pour avorter, au moins au point de vue des intérêts de la diffusion du christianisme.

Les grandes découvertes qui se produisirent à la fin du xve siècle et le début du xvie allaient ouvrir un champ presque indéfini à l'action des missionnaires. Les rois d'Espagne et de Portugal, princes pieux et zélés, étaient désireux d'encourager les tentatives faites pour convertir leurs nouveaux sujets ; c'est à Dieu qu'ils se déclaraient redevables des succès de leurs expéditions et c'était un devoir

pour eux que de faciliter la conversion des peuples
que la Providence leur avait fait connaître et sur
lesquels une décision fameuse du Saint-Siège leur
avait donné autorité.

Mais précisément parce que le missionnaire
était un envoyé du roi, il y avait chez lui une ten-
tation bien explicable à mettre au service de sa parole la force matérielle dont disposaient les gou-
verneurs ; il y eut des missionnaires qui prirent la
peine d'apprendre les langues indigènes et d'aller
de village en village enseigner la foi du Christ,
et cela au péril de leur vie ; c'est même ce qui
caractérise l'apostolat de saint François-Xavier :
devançant les conquérants, il partit en avant
chez des peuples qui n'avaient jamais vu un visage
européen, et, soutenu uniquement par la grâce de
Dieu, il accomplit des travaux extraordinaires cou-
ronnés d'un succès inouï. Mais combien il était
plus aisé et plus profitable, à n'en juger qu'au
point de vue humain, de suivre simplement les
conquérants et de baptiser en masse des peuples
entiers qui voyaient dans la réception du baptême un acte de soumission aux vainqueurs !
Tout ne fut pas perdu dans cette évangélisation
par voie d'autorité, mais l'alliance contractée avec
les représentants du pouvoir civil ne devait pas
durer indéfiniment ; le jour où des évêques
comme Las Casas protestèrent contre les vexations,
les rapines, les cruautés des officiers du roi, ils
perdirent tout crédit ; il leur fallut choisir entre
deux rôles : celui de fonctionnaires métropoli-
tains, chargés de prêcher le respect d'une autorité
de moins en moins respectable, ou celui d'apôtres

travaillant à répandre la foi, sans recours au bras
séculier et souvent au milieu des difficultés sus-
citées par les rancunes des officiers royaux ;
ce furent les derniers, est-il besoin de le dire,
qui produisirent dans l'épreuve et la contradic-
tion des fruits de conversion et de sanctifica-
tion.

Il faut cependant éviter de juger les procédés
des hommes du xvie siècle avec les idées du xxe.
On ne raisonnait pas alors comme aujourd'hui sur
les droits de la conscience individuelle, et les
peuples étaient traités comme des enfants auxquels on inculque les principes de la bonne éducation par la méthode de l'autorité ; il n'est dit
nulle part que Clovis ait consulté ses guerriers
avant de les faire baptiser par saint Rémi, et on en
était encore au même point, ou peu s'en faut, un
siècle après la Réforme. L'Edit de Nantes, rendu par
Henri IV en faveur des calvinistes, était une mani-
festation d'un esprit nouveau, et cette mesure libérale répugnait tellement avec les idées du temps
que sa révocation fut regardée non comme une
réaction arrachée par les manœuvres d'une cote-
rie, mais comme un retour aux véritables tradi-
tions de la monarchie absolue.

En Allemagne, on n'eut pas à abolir le régime
de la tolérance, parce qu'il ne s'était établi nulle
part. La maxime admise dans le droit public était :
Cujus regio, ejus religio ; c'est-à-dire là où le
souverain est catholique, le peuple doit professer
le catholicisme ; là où il est luthérien ou calvi-
niste, les sujets doivent suivre la croyance de leur
maître et en changer avec lui s'il en change ; ceux

qui n'acceptent pas cette dépendance doivent émigrer, si toutefois on les y autorise.

Il n'y a donc pas à s'étonner si les conquérants espagnols ou portugais implantent de force la religion catholique dans les pays qu'ils découvrent. Ils agiraient autrement qu'ils ne seraient pas de leur temps, et les protestants pensaient sur ce point absolument comme les catholiques ; ils ne doivent donc pas rendre le « Romanisme » responsable d'abus qui, s'il s'en est produit, étaient simplement la conséquence des idées répandues dans toute l'Europe sur ce sujet.

Il n'y eut pas de missions fondées par les protestants au XVIe siècle — et Warneck, l'historien de la diffusion du protestantisme (1), en donne deux causes : le terrain de la lutte confessionnelle était en Europe et, avant de chercher à s'étendre au dehors, la Réforme devait d'abord s'enraciner dans les pays où elle avait pris naissance. De plus, les pays infidèles récemment découverts, l'Amérique et l'Inde, appartenaient aux Espagnols et aux Portugais qui en défendaient jalousement l'accès non seulement aux réformés mais aux autres nations catholiques ; il n'y eut donc pas plus de missions allemandes ou anglaises que de missions françaises, et les tentatives, malheureuses d'ailleurs, qu'encouragea Coligny avaient un caractère beaucoup plus politique que religieux.

Le protestantisme sorti, après la guerre de Trente ans, des difficultés qui mettaient en dan-

-----

(1) *Abriss einer Geschichte der protestantischen missionen*, par Gustave WARNECK, Berlin 1900.

ger sa propre existence, entre dans ce que Warneck appelle l'époque de l'*Orthodoxie*.

C'est la période des conflits théologiques où les
docteurs des différentes écoles se foudroient suivant les méthodes aristotéliciennes, et les protestants non moins que les autres, car on se trompe-
rait fort en croyant que les méthodes scolastiques
ont été monopolisées par les théologiens catholiques.

Deux hommes personnifient cette époque et s'y
disputent la prépondérance, l'humaniste et le métaphysicien — l'un, qui est érudit et parfois spiri-
tuel, tombe souvent dans un pédantisme pesant et
disserte à perte de vue dans une langue farcie de
citations et d'exemples tirés des classiques, —
l'autre, qui garde scrupuleusement l'appareil logique des grands philosophes de l'école scolas-
tique, a perdu la largeur de conception des anciens
et ergote sans se lasser sur les sujets les plus sau-
grenus. A l'un comme à l'autre manque le sens de
la mesure ; aussi l'humaniste manque-t-il de goût
et le métaphysicien de logique, et quand ils sortent
du cercle où s'enferment leurs connaissances bor-
nées pour faire des incursions dans le domaine des
sciences historiques et naturelles, leur défaut
de critique les amène aux conclusions les plus
étranges ; leur géographie est faite d'hypothèses,
leur histoire de légendes, leur médecine d'empi-
risme, leur philologie joue sur les allitérations
fortuites, et leur exégèse même, qui n'est pas ap-
puyée sur l'étude des textes originaux, est remplie
d'explications parfois puériles et même irrévéren-
cieuses pour le texte sacré.

C'est à l'autorité d'un monde scientifique ainsi composé que certains protestants du xvii° siècle vinrent soumettre leurs projets d'évangélisation. Le comte Ehrard de Truchsess demande à la Faculté théologique de Wittemberg ce qu'il y avait à penser du précepte divin : « Allez, prêchez l'Evangile au monde entier. » La Faculté répond que le précepte du Christ est personnel aux Apôtres et que les ministres de l'Evangile ont le devoir de demeurer dans l'Eglise dont ils ont été chargés, sans se préoccuper des autres. L'Evangile a été prêché par les Apôtres conformément à l'ordre qu'ils ont reçu, et ceux qui ne les ont pas écoutés n'ont à s'en prendre qu'à leur mauvaise volonté.

Le professeur d'Iéna, Jean Gerhard, théologien orthodoxe, mais avisé, sent toute la faiblesse de cette thèse et veut la consolider ; dans son traité des *Lieux théologiques*, il apporte des arguments nouveaux à l'appui de la thèse des docteurs de Wittemberg. Non seulement l'Evangile, dit-il, a été prêché dans le monde entier, mais il y a été accepté : la Tartarie renferme plus de chrétiens que l'Europe entière, on trouve en foule dans l'Inde les chrétiens de saint Thomas ; en Egypte, des Jacobites ; en Ethiopie, quarante royaumes chrétiens relèvent du prêtre Jean. A Tunis, à Fez, au Maroc, le christianisme a ses disciples ; enfin, au Brésil et au Mexique, on a trouvé les vestiges de la foi chrétienne. Donc l'Evangile a déjà été annoncé dans le monde entier, et nous n'avons à nous préoccuper que de notre propre salut en laissant les autres peuples en faire autant, chacun pour son compte.

Le baron Jean de Weltz, né en 1621 à Chemnitz, ne s'était pas déclaré convaincu et continuait à plaider la cause des missions ; il montrait que les théologiens catholiques exploitaient contre le protestantisme ce qu'ils appelaient sa stérilité et lui opposaient victorieusement les progrès déjà rapides de leur propagande ; il reprenait les arguments de ses devanciers en faveur d'une action évangélique à tenter parmi les païens, et ses appels pathétiques invitaient les ecclésiastiques et les laïcs, les nobles et les bourgeois, les savants et les ignorants, tous ceux en un mot « qui avaient au cœur l'amour de Jésus », à s'allier à lui pour la conversion des infidèles.

L'orthodoxie protestante répondit aux provocations de ce novateur par la plume du surintendant J.-H. Ursinus de Ratisbonne. Visionnaire, orgueilleux, imposteur, blasphémateur et hérétique sont les qualifications qui sont appliquées à l'adversaire de la routine. A ces invectives sont joints quelques arguments. « La conversion des infidèles rencontrerait des obstacles et il serait difficile de trouver des gens aptes à y travailler. »

« Les infidèles sont des êtres sauvages qui n'ont presque rien d'humain... leur caractère grossier et cruel leur fera repousser les étrangers qui viendront s'établir parmi eux... c'est une race de renégats, blasphémateurs et persécuteurs d'une foi que leurs ancêtres ont perdue par leur ingratitude... les choses saintes ne doivent pas être livrées à ces chiens et à ces pourceaux.

« La volonté de Dieu n'est pas que le chemin du salut soit montré aux infidèles par d'autres moyens que ceux dont la Providence a coutume d'user, c'est-à-dire par les grâces offertes à chacun : ceux qui n'en tiennent pas compte n'en méritent pas de nouvelles, ne doivent s'en prendre qu'à eux·mêmes s'ils sont damnés (1). »

A ces raisonnements cruels, le surintendant de Ratisbonne aurait pu joindre un aveu : le devoir d'évangéliser les infidèles supposait de grands actes de renoncement : abandonner sa patrie et sa famille, aller vivre dans un pays lointain, y mener une existence faite de privations et de dangers, cela paraissait un effort impossible à demander ; et les arguties théologiques ne servaient qu'à couvrir d'un manteau brillant les défaillances de la lâcheté humaine. La religion de la plupart des protestants du XVIIe siècle était surtout dogmatique, et leur cœur endurci ne s'ouvrait pas au sentiment de charité. L'amour de Dieu entrait difficilement dans des cerveaux fermés aux mouvements affectifs, et là où manque l'amour de Dieu, il y a peu de place pour celui du prochain.

Il y avait toutefois dans le protestantisme des âmes qui souffraient de se sentir ainsi desséchées : c'est de là qu'est sorti le mouvement piétiste que Warneck regarde comme une troisième phase de l'histoire de la Réforme.

A mesure que le rationalisme accentuait ses progrès et transformait en indifférence la froideur et la sécheresse du dogmatisme luthérien, des groupes se formaient autour de quelques hommes d'élite : Francke, Spener, Scriver, en Allemagne ; Wesley

____

(1) WARNECK, pp. 38 et 39.

2

et Whitefield en Angleterre prêchaient l'amour de Dieu, l'esprit d'humilité et de renoncement, et quoique ne différant que sur des points secondaires de l'enseignement orthodoxe, ils formèrent à côté du protestantisme des Sociétés dissidentes qui réclamaient de leurs adeptes des pratiques religieuses plus fréquentes, leur conseillaient une vie plus austère et, par une tendance directement opposée au philosophisme incrédule qui commençait à régner partout, recommandaient la lecture et la méditation des ouvrages mystiques, encore même qu'ils eussent été écrits par les catholiques. Tel fut en Angleterre le réveil religieux nommé méthodisme, ou wesleyanisme, du nom de son fondateur.

Cette nouvelle conception de la vie chrétienne devait faire tomber les objections que le conservatisme étroit et l'égoïsme casanier avaient soulevées contre l'évangélisation des infidèles ; des chrétiens qui ont la vie de renoncement pour idéal et que soutient l'amour de Dieu ne peuvent ni demeurer indifférents aux malheurs de leurs frères ni se laisser effrayer par les difficultés qui se dressent sur les pas du missionnaire. La fondation des missions devait être la conséquence nécessaire des progrès du piétisme et il en fut ainsi. Le comte Nicolas de Zinzendorf, né en 1700, s'était d'abord agrégé à la Société des Frères Moraves, puis, poursuivant logiquement son évolution religieuse, il se démit de ses charges et fonda sur ses terres la fameuse communauté du Herrnhut (bergerie du Seigneur) d'où devaient sortir les premiers missionnaires allemands ; quand Zinzendorf mourut, il avait fondé des missions au Groënland, dans l'Amérique du Nord, et aux Antilles. Les méthodistes de Wesley, alliés d'abord aux Moraves, s'en séparèrent pour fonder dans l'Amérique du Nord des communautés indépendantes ; enfin, chez les protestants zélés qui n'adoptaient pas les enseignements un peu exaltés, sinon excentriques, de Zinzendorf et de Wesley, il se fonda en Allemagne et en Angleterre des associations pour la diffusion du christianisme. La *Society for the Propagation of the Gospel*, fondée à Londres en 1701, se dit à juste titre la plus ancienne des Sociétés missionnaires, mais, en réalité, ce n'est pas avant la fin du xviiie siècle qu'elle a commencé à travailler efficacement et encore avec une grande timidité. A la vérité, les Hollandais pourraient réclamer un droit de priorité, car lorsque leur Compagnie des Indes commença à exploiter les colonies enlevées à l'Espagne et au Portugal, il lui fut imposé l'obligation de pourvoir aux besoins spirituels des indigènes que les catholiques avaient convertis ; on enrôla donc des pasteurs qui signaient un contrat d'engagement comme de simples fonctionnaires et rentraient dans leur pays aussitôt après avoir achevé leur période de service ; mais le zèle et la compétence leur faisaient défaut : à Batavia, ils encombraient la ville, mais dans les îles lointaines de l'archipel des Moluques on ne voyait un pasteur que tous les dix ou quinze ans ; c'est que toute préparation évangélique leur faisait défaut ; un séminaire fondé pour leur formation dut être fermé au bout de quelques années faute d'élèves et l'action chrétienne fut partout superficielle. On eût pu cependant s'y tromper à n'en

juger que par les apparences; à la fin du xviii° siècle, il y avait 3,400,000 chrétiens à Ceylan, 100,000
à Java, 40,000 à Amboine ; mais, dès que disparut
la domination hollandaise, presque tous retournè-
rent au paganisme, au bouddhisme ou à l'islamisme,
auxquels ils étaient demeurés attachés de cœur.
Quand un missionnaire devait visiter une localité,
le souverain vassal des Hollandais était avisé d'avoir
à présenter ses sujets au baptême ; c'était la méthode de conversions par voie d'autorité tant re-
prochée par les protestants au « romanisme ». Quant
à la tolérance, il suffit de dire que la profession du
catholicisme était punie des peines les plus sévères
et que les missionnaires jésuites ou franciscains
qui abordaient dans les colonies hollandaises
étaient mis à mort, même quand c'était un nau-
frage qui les jetait sur ces côtes inhospitalières.
Enfin, parmi les protestants eux-mêmes, les
hommes zélés étaient suspects à l'administration,
qui n'aimait pas les esprits indépendants et sup-
portait mal une conduite qui impliquait une désap-
probation de ses procédés violents.

Les missionnaires allemands et anglais du
xviii° siècle ne trouvaient pas un concours beaucoup plus encourageant du côté des autorités politiques et, dans la masse même de leur Eglise nationale, ils étaient regardés comme des esprits chimé-
riques dont il fallait se défier. S'ils parvenaient
à recruter des collaborateurs et à recueillir quelques aumônes, c'est dans des communautés peu
nombreuses qui voulaient renouveler par la charité une foi que les péripéties du dogme tendaient
à réduire de plus en plus. Il faut, en dehors de tout

esprit confessionnel, rendre hommage à l'élévation de sentiments de tels hommes qui, avec des moyens insuffisants, comme ceux dont disposaient les apôtres, sont arrivés à retourner l'opinion et à déterminer dans le sein du protestantisme une floraison extraordinaire d'œuvres destinées à répandre le christianisme parmi les infidèles.

II

ESPRIT DES MISSIONS PROTESTANTES

Le tableau publié dans le compte rendu du Congrès général des missions protestantes tenu à New-York en avril et mai 1900 (1) fait mention de 249 Sociétés. Le personnel comprend 6,000 missionnaires dont 4,500 sont « ordonnés », 4,000 dames et demoiselles, 700 médecins. Le budget annuel se monte à 19,126,120 dollars, soit près de *cent millions de francs*. Le nombre des infidèles amenés au protestantisme serait, d'après la publication américaine, de 4,327,283, et d'après l'auteur allemand Warneck, de 3,994,500. Les contingents et les contributions sont fournis en première ligne par l'Angleterre, qui possède les plus importantes associations, puis viennent l'Amérique du Nord, l'Allemagne, les pays scandinaves, la Hollande, la Suisse et la France.

(1) *Ecumnical missionary Conference on foreign missions,* April 21 to Mai 1 1900, 2 vol. in-8°, Londres et New-York, 1901.

Ce grand nombre de Sociétés ne doit pas faire
illusion : il serait presque un indice de faiblesse ;
beaucoup d'entre elles ont une existence plutôt
précaire, des ressources insignifiantes et une action
à peu près nulle. Warneck dit (p. 87) que soixante
à peine de ces Sociétés comptent plus de vingt
missionnaires. L'initiative individuelle a une très
grande part dans ces créations éphémères, particulièrement en Amérique, où se fondent avec beaucoup
de fracas des œuvres qui ne vivent que sur le crédit
ou l'activité d'un groupe restreint ou même d'un
seul individu, et disparaissent un beau jour sans
rien laisser après elles. On voit facilement quels
sont les inconvénients de cet émiettement de forces :
œuvres mal conçues, insuffisamment pourvues en
personnel et en revenus ; multiplication des dépenses générales pour écoles, hôpitaux, séminaires,
ou absence de ces organes essentiels à une mission ;
parfois enfin, une fâcheuse émulation qui porte des
Sociétés, qui travaillent côte à côte, à se jalouser,
à se contrecarrer, à se décrier mutuellement. On a
vu des missionnaires arriver de fort loin avec l'intention de convertir des infidèles et qui trouvent
plus facile de braconner sur les terres du voisin et
de lui enlever ses ouailles qui figureront ainsi deux
ou plusieurs fois sur les statistiques de convertis ;
dans certains pays, des néophytes ingénieux trouvent, à passer ainsi d'une Eglise à l'autre, une
source assez appréciable de profits.

De bons esprits ont déploré ces concurrences et
ont été jusqu'à jeter un œil d'envie sur l'organisation fortement centralisée des missions de l'Eglise
romaine. Ils ont fait plus que de se désoler et ont

essayé de coordonner leurs efforts en mettant en
commun une partie de leurs moyens d'action (1).
Mais on leur répond que la multiplication même
indéfinie des missions ne peut que servir la cause
de l'évangélisation ; que telle confession qui dépense de fortes sommes pour entretenir même avec
peu de fruit une œuvre qui est la sienne, n'enver-
rait pas un sou aux œuvres d'une autre confession ;
en somme, le peu qu'elle fait, ajouté au peu que
font beaucoup d'autres, finit par donner un résultat
considérable.

Voici donc deux méthodes en présence : l'une a
pour devise : pas de concurrence, mais une action
commune et, s'il est possible, un groupement (2) ;
l'autre, qui est plus généralement en honneur chez
les Américains, préfère une plus grande diffusion,
serait-ce au prix d'une certaine déperdition de
forces, et ce procédé paraît en effet plus conforme
à l'esprit particulariste du protestantisme. Le libre
examen se concilie bien mieux avec les initiatives
individuelles qu'avec cette centralisation que nous
trouvons dans les missions catholiques et vers
laquelle l'Allemand, pénétré du respect de la hié-
rarchie, a une propension à évoluer. Il faut cependant tenir compte, même en Allemagne, des diver-
gences d'opinions religieuses ; depuis surtout que
le protestantisme libéral, s'inspirant peut-être autant
du sentiment patriotique et colonisateur que de
l'idée religieuse, s'est mis à fonder lui aussi des

(1) *Ecumenical missionary Conference*, t. I, p. 256, rapport
du R^d J.-W. BUTLER, missionnaire au Mexique, p. 259. Rapport du R. Julius SOPER, missionnaire méthodiste au Japon.
(2) *Ecumenical missionary Conference*, t. I, p. 251,

missions, il serait impossible de réunir en un seul
faisceau des hommes dont les croyances sont absolument diverses, et les divisions dogmatiques des
Églises de la métropole doivent se répercuter, tout
en s'atténuant, dans le rayonnement religieux du
pays. Chaque Église veut en effet modeler à son
image les chrétientés qu'elle établit en pays infi-
dèle et les néophytes protestants reproduisent
toutes les nuances confessionnelles, depuis ceux
que convertit la haute Église d'Angleterre et qui
vont à confesse, jusqu'aux soldats qu'enrôle l'Armée
du Salut, en leur demandant de se contenter du baptême, et encore pas toujours, dit-on. Si différents
entre eux, ils sont tous protestants suivant cette
définition proposée en 1857 au synode de Lau-
sanne : « Un chrétien est celui qui se réclame de
Jésus-Christ. »

Une pareille élasticité de dogmes, qui permet de
réduire à un strict minimum les croyances nécessaires au salut, paraît difficile à concilier avec
l'existence de missions protestantes en pays chrétiens. S'il suffit de « se réclamer de Jésus-Christ », si,
en allant plus loin, on juge que le baptême et la
foi en un Christ Sauveur sont nécessaires, mais
suffisent à la justification, pourquoi faire du prosélytisme parmi ceux qui sont baptisés, je ne dis pas
en France ou en Italie, mais même en Orient ? En
fait, certains protestants n'approuvent pas les entreprises qui ont pour but de recruter des adeptes
en terre chrétienne et d'autres distinguent entre la
mission d'« évangélisation » et la mission de « civilisation » ; mais cette distinction est souvent
bien factice et, quelle que soit leur enseigne, il y

a des missions protestantes qui s'occupent surtout d'amener des chrétiens à leurs croyances particulières : telles sont les missions intérieures d'Angleterre qui protestantisent les Irlandais et la fameuse Société « Gustave Wasa » en Allemagne, qui s'applique à détacher de l'Eglise romaine les catholiques allemands et autrichiens.

Ce travail de conversions, nous l'entreprenons, nous, catholiques, parce que l'unité de l'Eglise est pour nous un article de foi, mais je ne sais pas pourquoi un méthodiste ou un anglican chercheraient à faire des conquêtes parmi les catholiques, alors qu'ils s'abstiennent ou sont censés s'abstenir d'en faire parmi les membres d'une autre branche du protestantisme.

Il serait d'ailleurs inexact et injuste d'asseoir un jugement absolu sur quelques cas où le prosélytisme prend une forme indiscrète. Il est en général beaucoup plus respectable : le développement des missions protestantes a commencé, comme je l'ai déjà dit, au moment où l'esprit de religion se réveillait au sein de la réforme ; c'est l'amour de Dieu qui inspire et soutient une foule d'hommes pieux et remplis d'une véritable abnégation ; ils ont affronté des dangers, exposé leur santé et sacrifié d'avance leur vie et celle des leurs ; il est impossible qu'ils ne soient pas soutenus par une pensée élevée, et les motifs mesquins et ridicules qu'on attribue parfois à leur conduite ne méritent pas qu'on les examine.

Le protestantisme ne connaît pas les vœux de religion, et nous ne trouvons pas parmi ses envoyés la pauvreté telle que la pratiquent nos missionnaires. Il y a, cependant, au moins une Société protestante qui rappelle par sa constitution l'esprit de saint François : c'est la Mission de l'intérieur de la Chine (*China Inland Mission*), fondée il y a une trentaine d'années par le R^d J.-Hudson Taylor (1). L'œuvre doit vivre strictement d'aumônes volontaires sans amasser de capital ; dans les pays de mission, il ne doit pas y avoir de résidences permanentes ; les missionnaires vont prêcher de ville en ville sans s'arrêter nulle part ; ils ne reçoivent aucun traitement, et seulement une somme proportionnée non à leurs besoins mais aux aumônes reçues. Cette mission, qui est internationale et interconfessionnelle, prend ses collaborateurs dans toutes les Eglises protestantes ; elle en compte plus de mille ; c'est la plus nombreuse des Sociétés protestantes. Les massacres de l'année 1900 ont fait dans ses rangs 62 victimes, ce qui tendrait à prouver que les postes occupés étaient particulièrement périlleux. Je dois ajouter qu'on reproche au R^d Hudson Taylor d'avoir organisé son action religieuse d'une façon très superficielle, ce qui s'explique par la neutralité dogmatique à laquelle ses prédicateurs doivent s'engager ; on dit aussi que, depuis ses derniers succès, la Société tend à mettre de côté quelques points fondamentaux de ses statuts. Pour continuer la comparaison avec l'Ordre franciscain naissant, le fondateur serait menacé de voir l'esprit de son œuvre compromis par un autre Frère Elie.

(1) *Ecumenical missionary Conference*, t. I, p. 538-541 ; WAR-NECK, 105-108.

En général, les missionnaires protestants, si dévoués et consciencieux qu'ils soient, ne se croient pas tenus à un complet désintéressement ; ils reçoivent un traitement généralement élevé, comme celui des fonctionnaires coloniaux, ce qui leur permet de se procurer et de procurer à leur famille, qui les accompagne le plus souvent, un confort qui, dans certaines régions, est très relatif ; des congés périodiques sont réglementairement attribués à ceux qui travaillent dans des pays malsains, et une retraite leur est assurée quand ils sont définitivement rapatriés. Il s'en trouve qui ne profitent pas de ces faveurs, qui dépensent tout ce qu'ils reçoivent en faveur de leurs œuvres, qui ne prennent aucun congé et passent leur vie entière sous un climat insalubre qui se plaît parfois à les épargner jusqu'à un âge avancé, mais il ne faut pas établir de règle sur des cas isolés et en particulier pour la longévité ; car les maladies des pays chauds déciment les missionnaires, les jeunes plus encore que les vieux, et sans distinguer entre protestants et catholiques.

Un type que nous ne connaissons pas dans nos missions, c'est le missionnaire marié et père de famille. On dit souvent qu'une des raisons qui démontrent la nécessité du célibat ecclésiastique, c'est l'impossibilité où on serait de trouver des missionnaires parmi les gens mariés. Cet argument, qui avait toute sa valeur au temps du surintendant Ursinus, au xviiie siècle, paraît aujourd'hui contredit par des faits certains : sur 6,000 missionnaires protestants, 2,000 sont mariés et, pour la plupart, élèvent dans leur mission des enfants qui y sont nés, et parmi lesquels, il faut le reconnaître, la mort fait d'impitoyables ravages. On en vient même à se demander s'il n'est pas cruel d'exposer aux rigueurs du climat et aux dangers de toute sorte ces frêles existences, incapables de résister aux influences des pays tropicaux. Si pendant les massacres de Chine, les missions protestantes ont perdu 134 des leurs, il faut y ajouter encore 52 enfants de missionnaires, égorgés avec leurs parents, ou, sort plus affreux encore, enlevés par les Chinois et réduits peut-être à quelque ignominieuse servitude.

Si affligeantes que soient ces considérations, il n'en est pas moins vrai que les femmes de missionnaires enseignent aux païens et païennes les devoirs de la femme chrétienne pour le gouvernement de la maison et l'éducation de la famille ; les demoiselles institutrices et même les diaconesses ne soutiennent pas souvent ni longtemps la comparaison avec nos religieuses, et, seules, les vierges chrétiennes donnent l'exemple du renoncement le plus sublime, mais les grandeurs du célibat sont parfois bien relevées pour être comprises et appréciées par les infidèles.

Bien que ne se soumettant pas à des vœux et à une règle au sens propre du mot, les membres des principales Sociétés protestantes ont des engagements à prendre et reçoivent des instructions auxquelles ils ont à se conformer. Les membres de la *Society for the propagation of the Gospel in foreign parts* (association pour la propagation de l'Evangile dans les pays étrangers), dont le siège est à Londres, doivent, aussitôt admis, se rendre sans délai dans les pays où ils sont appelés à travailler ; on leur remet un règlement à suivre pendant la traversée, puis un autre auquel ils auront à se soumettre aussitôt après leur arrivée : en voici quelques articles.

I. — Qu'ils ne perdent jamais de vue le grand but qu'ils se proposent : procurer la gloire de Dieu et sauver les âmes en propageant l'Evangile de notre Seigneur et Sauveur.

II. — Qu'ils réfléchissent souvent aux conditions et qualités requises pour atteindre ce but : une connaissance sûre de la religion chrétienne, accompagnée d'une foi profonde ; un zèle apostolique tempéré par la prudence, l'humilité, la douceur et la patience ; une charité pour le salut des âmes, et enfin cette tempérance, cette force et cette constance qui font le bon soldat de Jésus-Christ.

III. — Afin d'obtenir et de conserver ces vertus, qu'ils se ménagent des heures de solitude et de retraite pendant lesquelles ils offriront à Dieu de ferventes prières, afin de se mettre sous sa direction et d'obtenir son assistance. Qu'ils aient de fréquents entretiens avec la Sainte Ecriture, qu'ils méditent sérieusement sur les engagements de leur ordination ; qu'ils réfléchissent au compte qu'ils auront à rendre au dernier jour devant le Pasteur suprême et le grand Evêque de nos âmes.

VIII. — Qu'ils ne soient pas délicats dans le boire et dans le manger, qu'ils ne se préoccupent pas à l'excès de leur entretien dans les pays où ils demeurent, mais qu'ils se contentent de ce que la santé exige et de ce qui se trouve facilement dans le pays (1).

(1) *Les Missions anglicanes*, par le R. P. RAGEY, mariste, Paris, 1900, p. 59-60.

Il ne faut donc pas traiter avec dédain l'action des missionnaires protestants. Voici ce qu'en dit un bon juge, Mˢʳ Le Roy, Supérieur général des Pères du Saint-Esprit, dans la préface qu'il a écrite pour le livre du P. Ragey : « Sans doute, chez les protestants, l'apostolat est une carrière ; carrière excellente en somme qui permet de donner cours au zèle en l'honorant et en le rétribuant. Avec le traitement qu'il reçoit, le missionnaire protestant peut se faire une vie facile, élever sa famille et se faire une retraite pour ses vieux jours (1). C'est une des différences qui le distinguent des missionnaires catholiques, et plusieurs trouvent que cette différence est sensible ; mais il n'en est pas moins certain que son dévouement est réel, son succès souvent appréciable et son argent bien gagné. »

Les protestants excellent à diminuer leur travail personnel, tout en multipliant leur action, en se servant d'auxiliaires indigènes ; pasteurs, diacres, évangélistes, instituteurs, chefs d'ateliers, reçoivent une part d'autorité et de responsabilité qui les flatte et les encourage : « Peu importe, dit encore Mˢʳ Le Roy, que de temps à autre ces néophytes interprètent mal le dogme ou la morale ; les erreurs de doctrine ne tirent pas à conséquence — à moins

(1) Un missionnaire m'a fait remarquer que cette affirmation est un peu trop générale ; certaines sociétés rétribuent largement leur personnel et d'autres doivent économiser même sur ce point-là. Au Zambèze, un missionnaire de la Société de Paris reçoit 4875 francs s'il est marié, 3500 s'il ne l'est pas. Or, la vie coûte cher dans ce pays-là, car tout objet venant d'Europe coûte 3 francs de transport par kilogramme. Y a-t-il beaucoup de marge ensuite pour mettre de l'argent de côté ?

qu'elles ne se rapprochent trop de la vérité catholique — et quant aux erreurs de conduite, si elles
sont trop criantes, on remplace le délinquant et
tout est dit. Ce soin et cette facilité qu'a le protestantisme de faire marcher l'indigène comme ins-
trument de conversion pour ses compatriotes sont
une de ses grandes forces. »

Les collaborateurs indigènes sont malheureuse-
ment pour beaucoup dans les difficultés qui
s'élèvent entre les sociétés de missionnaires ; pendant que les pasteurs sont des hommes calmes,
discrets, mesurés, bien élevés en un mot, leurs aco-
lytes, entraînés par leur ardeur, en viennent sou·
vent à dire des paroles fâcheuses, à se permettre
des démarches regrettables, et arrivent à faire naître
la mésintelligence entre des hommes qui, pour être
adversaires, ne s'en estiment pas moins.

Plus rares et plus déplorables encore sont les in-
tempérances de parole ou d'action des missionnaires blancs ; ce sont des plaisanteries déplacées,
des grossièretés intentionnelles, ou venant du défaut d'éducation, des intrigues de toute sorte au-
près des gens influents, ou des cancans ridicules à
l'adresse de « la concurrence ». Il est difficile d'é-
viter complètement ces misères qui sont surtout le
fait de ceux que M. Warneck appelle les Francs-ti-
reurs ; missionnaires libres de toute attache à une
Société quelque peu organisée, ignorants des règles
que l'expérience a sanctionnées, qu'un accord ta-
cite a souvent imposées, ils s'imaginent que rien
n'a été fait avant eux, parce que personne avant
eux n'a eu de zèle, et que personne n'a compris la
situation ; quand ils ont tout bouleversé, ils s'en

vont, en ne laissant derrière eux que le désordre et la discorde.

Mais tout ceci, je le répète, est le fait d'individus ou de petits groupes d'illuminés. Au témoignage de nos missionnaires, la grande majorité des Sociétés protestantes se recrute parmi des hommes sages, courtois et prudents, dont la vie est édifiante et dont le zèle ne ressemble pas à du fanatisme (1).

(1) Un missionnaire de la côte d'Afrique me racontait que des catholiques goanais, débarquant un matin dans une ville où se trouvaient plusieurs missions, entrèrent dans une église dont les tours dominaient majestueusement la ville et se mirent à dire leur chapelet ; or, c'était le temple anglican. Un des ministres vint les trouver et leur fit comprendre leur méprise : « Je ne vieus pas vous chasser, dit-il, mais vous renseigner », et il leur indiqua où ils trouveraient une chapelle catholique romaine.

III

ANGLETERRE. — De toutes les Sociétés qui travaillent à la diffusion du protestantisme, les plus anciennes datent, comme nous l'avons dit, de la fin du xviiie siècle ; la foi agissante commençait à se préoccuper de la conversion des infidèles et diverses causes contribuèrent à accélérer le mouvement. Le retentissement extraordinaire des merveilleux récits que le capitaine Cook fit de ses lointains voyages amena l'opinion à se passionner en faveur des populations visitées par le fameux explorateur ; on s'apitoyait sur le sort des malheureux insulaires que l'absence d'idées religieuses faisait végéter dans l'ignorance et dans tous les désordres de la vie sauvage. A la même époque, sous l'influence des idées humanitaires prêchées par les philosophes, commença à se développer un sentiment de réprobation contre les horreurs de l'esclavage ; les Sociétés commerciales soulevaient la conscience publique par la cruauté avec laquelle elles se livraient à la traite des nègres ; il se dessina contre elles

une réaction très ardente et très courageuse, étant
données les idées du temps ; l'Eglise d'Angleterre
prit la direction de cette campagne et par là rallia
à la cause des missions des esprits indifférents à la
propagande religieuse, mais révoltés par les excès
auxquels se livraient les esclavagistes.

Il existait déjà en Angleterre des Sociétés pour
la prédication chrétienne, mais aucune n'avait encore réussi à passer de la théorie à la pratique. En
1792, douze ministres baptistes avaient fondé la *Baptist Society for propagating the Gospel amongst
the heathen*, et cette association aurait pu, comme
celles qui avaient précédé, se limiter à des démons-
trations platoniques en faveur des infidèles, mais
l'un des douze fondateurs, W. Carey, prit la résolution d'aller de sa personne travailler à la conversion des infidèles de la Polynésie ; il prit donc passage à bord d'un navire qui se rendait à Taïti, mais
ne put y parvenir. Telle était la méfiance de la
Compagnie des Indes à l'égard des idées nouvelles
que Carey fut débarqué en cours de route, et, après
avoir erré, toujours pourchassé par les agents de la
Compagnie, il finit par se réfugier à Sirampour, petit territoire danois, à quelque distance de Calcutta.
Là, il commença à apprendre les langues indigènes
et employa dix années d'inaction involontaire à
traduire la Bible en idiome bengali. Carey avait
de belles dispositions pour la philologie, il devint
un linguiste consommé et par la suite traduisit
l'Ecriture en trente-quatre langues ; il préparait
ainsi des armes aux collaborateurs qui allaient le
suivre et organiser la mission du Bengale. En 1811,
la Société s'établit à Ceylan ; en 1813, aux An-

tilles, et principalement à la Jamaïque ; en 1840,
sur la côte occidentale d'Afrique, pour y combattre
la traite des nègres ; en 1859 enfin, en Chine. Elle
compte aujourd'hui 160 pasteurs européens, 70 pasteurs indigènes, et 40,000 infidèles, en ne tenant
compte que des « communiants », ou chrétiens
éprouvés, qui représentent, suivant les missions,
la moitié, le tiers ou le quart des individus baptisés. Les ressources annuelles se montent à
1,800,000 francs.

En 1794, apparaît la Société de Londres (*London
Missionary Society*, et en abréviation L. M. S). fondée
avec l'intention de grouper dans une action commune tous les protestants sans distinction de déno-
mination religieuse ; mais cet essai de fusion n'a
pas donné tout ce qu'on en attendait. De la so-
ciété-mère se sont séparés, au cours du siècle, un
grand nombre de groupes rattachés à des Eglises
particulières ; affaiblie par ces sécessions, la L. M.
S. resta l'organe des protestants indépendants, et,
malgré les pertes qu'elle a faites, demeure très
puissante. Son champ d'action, même réduit par la
cession de plusieurs missions à des groupes auto-
nomes, comprend les archipels de la Polynésie
(depuis 1797); l'Afrique du Sud (1798); l'Inde (1804);
la Chine (1807); Madagascar (1820); la Nouvelle-
Guinée (1871) et le pays des grands lacs africains (1879). Missionnaires : 190 ; fidèles : 157,000,
dont 55,000 communiants ; recettes : près de 3 millions.

De la L. M. S. s'est détachée, vers 1812, la C. M.
S. (*Church Mission Society*) qui est patronnée par
l'Eglise officielle d'Angleterre et représente plus

particulièrement les idées de la Basse Eglise. La Haute Eglise a son organisation apostolique à elle : *Society for the propagation of the Gospel in foreign parts*, dont nous avons déjà dit un mot ; on la distingue en abrégé par les initiales S. P. G.

La C. M. S. envoie des missionnaires, dont 37 évêques, à Sierra Leone (1804) ; dans l'Inde (1813) ; à la Nouvelle-Zélande (1814) ; à Ceylan (1818) ; dans l'Amérique du Nord (1843) ; en Chine (1845) ; à l'île Maurice (1856) ; en Palestine (1857) ; au Japon (1869) ; en Perse (1875) et en Egypte (1882). La S. P. G. n'a pas une activité moins grande, on trouve des envoyés en Amérique, en Guinée, dans l'Afrique du Sud et dans l'Afrique du Sud-Est, en Australie, en Birmanie, à Bornéo, en Chine, au Japon, à Hawaï et à Madagascar. Le personnel de la C. M. S. comprend 406 pasteurs, 124 missionnaires « non ordonnés », 278 demoiselles, 320 pasteurs indigènes, qui ont charge de 250,000 chrétiens, dont 65,000 communiants. La S. P. G. a 600 missionnaires, dont 12 évêques, 125 pasteurs indigènes et 50,000 communiants. Le budget de la S. P. G. s'élève en recettes à 3,250,000 francs ; celui de la C. M. S. au chiffre énorme de 10 millions ; il faut dire que c'est la plus officielle des Sociétés de l'Eglise officielle et qu'elle a une large part dans les subsides de l'Etat.

Ce qui caractérise ces deux groupements et ce qui explique en partie l'importance de leurs recettes, c'est l'extraordinaire activité de leur propagande. Il n'y a pas moins de 40 Sociétés annexes, divisées en comités et sous-comités, qui s'occupent de développer leur prospérité ; il y en a pour le clergé, pour les dames, pour les étudiants, pour les ouvriers, pour les enfants. Une douzaine de revues spécialement composées pour les différentes classes de lecteurs sont répandues à profusion ; l'an dernier, il en a été tiré 8 millions d'exemplaires ; il a été distribué 54,250 almanachs luxueusement illustrés. La Société biblique, qui rayonne dans le même milieu et y trouve des ressources indépendantes, a donné ou vendu à un prix infime 4 millions d'exemplaires de l'Ecriture, traduite en 350 langues et dialectes ; la Société auxiliaire des « tracts » religieux a dépensé depuis sa création la somme de 35 millions. Avec d'aussi abondantes ressources, l'Eglise établie peut entretenir des séminaires ; pour la formation spéciale des missionnaires ; elle en a cinq, plus la *Missionary Children's home* qui est une sorte d'école apostolique.

Signalons, avant de quitter l'Eglise officielle, les Sociétés fondées par les Ritualistes et autres Anglicans dont les tendances sont voisines du catholicisme : Mission de Cambridge à Delhi, d'Oxford à Calcutta : Mission de Mélanésie ; Union universitaire de l'Afrique centrale ; en tout, une centaine de missionnaires des deux sexes qui se consacrent à 20,000 fidèles et dépensent environ 1 million de francs. Comme en Angleterre, les missionnaires célèbrent les offices avec une grande solennité, qui fait pâlir parfois ceux des pauvres chapelles catholiques ; ils mènent la vie de communauté réglée comme dans un couvent, récitent leur bréviaire et se donnent la qualification de catholiques.

Les Méthodistes anglais sont fiers de rappeler que

Wesley est parti, dès 1779, pour convertir les esclaves noirs dans l'Amérique du Nord. L'organisation régulière de leurs missions ne remonte pas cependant au delà de 1814, mais ils se sont répandus
dans tous les pays du monde ; la première Société
s'est fractionnée en branches indépendantes : il y a
la Société wesleyenne ; la *Methodist new-connexion
mission Society* (1824) ; la Société des Eglises libres
méthodistes (1837) ; la *Welsh-Calvinistic-Metho-
dist foreign mission Society* (1840) ; les Méthodistes
primitifs (1843) ; on peut y rattacher la *Lady Hu-
tingdon connexion* et même les différents groupes
de *Quakers*. Telle de ces Sociétés ne possède que
cinq ou six missionnaires et 1,500 fidèles ; telle
autre a provisoirement supprimé son action au dehors ; mais en bloc, le groupe méthodiste anglais
compte 250 missionnaires, 170,000 chrétiens, et dépense près de 4 millions.

Les Eglises presbytériennes d'Irlande et d'Angleterre ne sont entrées qu'en 1840 et 1847 dans le
mouvement qui a entraîné le protestantisme vers
les missions. La Société irlandaise a des stations
près de Bombay et en Mandchourie, l'anglaise dans
la Chine méridionale, à Formose et chez les
Cafres.

Missionnaires : 50 ; chrétiens : 11,000 ; ressources :
environ 900,000 francs.

Le Presbytérianisme d'Ecosse, beaucoup plus
nombreux et beaucoup plus fervent, est aussi beaucoup plus actif et depuis bien plus longtemps ;
c'est en 1796 que l'œuvre des missions a été établie à Edimbourg pour l'évangélisation de l'Inde ;

depuis, elle s'est divisée en groupes nombreux dont les principaux sont entretenus par l'Eglise d'Ecosse, l'Eglise libre (*free Church*) d'Ecosse, l'Union presbytérienne et les Presbytériens réformés ; ils soutiennent plus de 250 missionnaires avec un budget qui atteint 3, 750,000 francs. Le nombre des fidèles s'élève à 45,000 en ne comptant que les communiants.

Viennent enfin les indépendants (*undenominationnels*) et en première ligne la *China Inland Mission* (*C. I. M.*) dont j'ai déjà eu l'occasion de parler. Hudson Taylor, son fondateur, partait de cette croyance, fondamentale à ses yeux, que la fin du monde et par suite le règne de Dieu arriveront dès que l'Evangile aura été prêché au monde entier ; de la diffusion rapide de la parole de Dieu dépend donc l'accomplissement prochain des promesses divines. « Il y a, dit-il, en Chine 250 millions d'hommes, ce qui fait 50 millions de familles ; 1,000 évangélistes ou colporteurs de bibles peuvent s'adresser chaque jour à cinquante familles, donc en 1,000 jours, soit moins de trois ans, l'Evangile peut être annoncé, oralement ou par écrit, à tous les Chinois. Il n'y avait donc qu'à trouver mille hommes ou femmes de bonne volonté pour hâter l'arrivée du royaume de Dieu (1). » *Adveniat regnum tuum.*

Il donna à ses disciples la règle dont j'ai parlé, et voici près de quarante ans que le travail se poursuit ; très lent d'abord, le progrès est devenu extrêmement rapide ; les mille ouvriers sont trou-

(1) WARNECK, pp. 106, 107.

vés, les aumônes reçues dépassent un million par an, mais on se demande, même parmi les protes-tants, si les résultats sont proportionnés aux efforts très généreux du fondateur et de ses dis-ciples ; la conviction dont ils font preuve est tellement respectable qu'on n'ose pas s'exprimer trop sévèrement sur ce que l'entreprise a de chi-mérique.

La Mission de l'Afrique du Nord est, elle aussi, une œuvre dirigée en dehors des méthodes reçues : avec un budget de 250,000 francs, elle a fondé ving centres d'évangélisation, desservis par 85 missionnaires, en majorité des dames, qui s'étendent du Maroc à l'Egypte, mais sont princi-palement fixés en Algérie. C'est là que les pro-cédés étranges de quelques prédicants ont attiré l'attention des commissaires de police ; c'est tout ce que cela méritait. On leur a fait les honneurs d'une discussion parlementaire qui a surexcité et naturellement égaré l'opinion publique. Warneck, après quelques lignes dédaigneuses, conclut : « Peu de résultats et une méthode parfois malsaine (*Mit wenig Erfolg, und nicht immer in gesundener Weise*). »

L'Armée du Salut ne jouit pas de beaucoup plus de considération chez les protestants que chez les catholiques : 600 de ses « officiers » ont importé dans les grandes villes de l'Inde et de l'Afrique du Sud les bruyantes parades, qui, après avoir eu un petit succès de curiosité, n'arrivent plus même chez nous à arrêter les flâneurs.

Pour résumer encore ce que je n'ai exposé qu'à grands traits, disons que les Sociétés anglaises ont

4,300 missionnaires dont 1,800 femmes, et qu'elles ont converti environ 500,000 infidèles. Pour cela, elles dépensent annuellement environ 55 millions de francs, soit plus du triple de ce que la France consacre à ses 18,500 missionnaires.

AMÉRIQUE DU NORD. — En Amérique, le nombre des Sociétés augmente et leur importance diminue ; c'est l'indépendance du tempérament yankee dans toute son expansion. Sous des appellations sonores, on trouve dans le catalogue des groupes qui comptent 10, 6, 3 membres, avec 700, 400, 350 fidèles et 25,000 francs de recettes annuelles. Pour ne pas nous perdre dans une énumération fastidieuse, nous rangerons les principales missions américaines sous cinq catégories.

L'*Americain Board of Missions* représente la nuance congrégationaliste ; fondé en 1810, il a envoyé en 1812 à Bombay ses premiers délégués qui se heurtèrent au mauvais vouloir des agents de la Compagnie des Indes et durent se rembarquer. Quelques-uns des missionnaires éconduits s'établirent en Birmanie chez les Karyans, alors sauvages et indépendants ; d'autres s'occupèrent en Amérique même de la conversion des Peaux-Rouges. La Société participa à la fondation de l'Etat indépendant de Libéria, où devaient être rapatriés les esclaves nègres affranchis par des maîtres philanthropes. En 1819, commença la mission des Iles Sandwich, puis celle de Turquie, destinée dans l'origine à convertir les mahométans, et qui en est venue à s'occuper presque exclusivement de protestantiser, et, dit-on, de révolutionner les Arméniens. En 1830, furent fondés les établissements de Sierra-Leone et du Gabon ; en 1835, du Zoulouland ; en 1847, commence la mission de Chine ; en 1852, celle de Micronésie ; en 1869, celle du Japon. La Société a 165 missionnaires dans dix-sept pays différents, le nombre des communiants s'élève à 55,000, les recettes ordinaires à 3 millions.

Les Baptistes se sont séparés de l'*American Board* dès 1814 et depuis se sont divisés en six ou sept Sociétés principales, dont la plus importante (*Baptist Missionary Union*) entretient 180 missionnaires qui ont la charge de plus de 100,000 chrétiens. Recettes : 3 millions. Les autres groupes ne comprennent pas plus d'une trentaine de missionnaires établis surtout dans l'Extrême-Orient, et les résultats réalisés sont assez médiocres.

Les Méthodistes ont aussi plusieurs Sociétés concurrentes, dont l'une, celle de la *Methodist Episcopal Church*, dépense plus de 10 millions de francs : son principal centre d'action est le Japon, la Corée et la Chine du Nord. 200 missionnaires, 70,000 chrétiens.

Les Presbytériens américains réunissent en cinq Sociétés près de 400 missionnaires pour 50,000 protestants dispersés au Japon, en Chine, dans l'Inde, le Siam, la Perse, la Turquie, l'Arabie, le Congo et le Gabon. Recettes : 6 millions.

Les Protestants du Canada ont 90 missionnaires dans l'Inde, la Chine, le Japon et en Océanié. 10,000 communiants ; recettes : 1,200,000 francs.

En tout, l'Amérique du Nord compte 3,400 missionnaires dont 1,400 femmes, qui ont converti de 300 à 350,000 infidèles et coûtent de 25 à 30 millions de francs.

Pays-Bas. — Les Sociétés hollandaises indépendantes sont peu nombreuses ; c'est principalement aux Antilles, en Guyane et dans l'archipel de la Sonde qu'elles envoient leurs ouvriers ; elles représentent les trois principales tendances confessionnelles du protestantisme néerlandais : calvinistes stricts, calvinistes libéraux et luthériens. De plus, la Hollande donne un important contingent en hommes et en argent aux Sociétés allemandes.

Scandinaves. — Les Scandinaves, race énergique et enthousiaste, malgré les apparences, fournissent aux missions des recrues précieuses par leur dévouement comme par leur endurance physique. Leur pays, malgré sa pauvreté, fournit près de 2 millions à sept ou huit Sociétés danoises, suédoises, norvégiennes et finlandaises qui ont 150 missionnaires dans l'Inde, en Chine, dans l'Afrique du Sud et à Madagascar. De plus, beaucoup des leurs prennent du service dans les Sociétés étrangères ; la *China Inland Mission* a notamment fait beaucoup de recrues parmi les hommes du Nord, plus susceptibles que d'autres, paraît-il, de s'éprendre des théories mystiques et séduits par les conceptions utopiques mais généreuses de Hudson Taylor. Ce sont, d'ailleurs, des ouvriers résolus et que le danger ne fait pas reculer : sur les 186 victimes que les Boxers ont faites parmi les missionnaires protestants, on ne compte pas moins de 56 Suédois.

Allemagne. — C'est en Allemagne, nous l'avons exposé, que l'œuvre des missions protestantes a commencé, et jusqu'à ces dernières années, il n'existait en Allemagne qu'un petit nombre de Sociétés, mais elles étaient solidement constituées.

A la fin du xviiie siècle, on n'en comptait que deux : la Société de Halle et les Frères Moraves. La première a sombré au milieu du siècle, ruinée par les tendances rationalistes qui l'avaient pénétrée. Les Moraves, au contraire, après une période critique d'une trentaine d'années, ont retrouvé une ferveur nouvelle ; ils sont installés au Labrador, dans l'Alaska, aux Antilles, en Guyane, dans l'Afrique allemande, au Cap et en Australie. 186 missionnaires, 96,000 chrétiens, dont 33,000 communiants. Le budget de 2 millions est couvert par des fondations et des ressources fixes. Cette Société, qui a des ramifications en Angleterre, n'a pas le caractère national des missions allemandes comme les autres dont il va être parlé.

Il y avait à Berlin, en 1800, un pasteur nommé Janicke, qui était prédicateur de l'Eglise bohème ; il s'intéressait aux missions, ayant un frère dans l'Inde au service de la Société de Halle ; un laïque de ses amis fit alors un voyage en Angleterre et revint tout enthousiasmé de ce qu'il avait vu et entendu au sujet de la création de missions nouvelles ; il rapportait le titre de correspondant pour l'Allemagne de la Société de Londres. Les deux amis étaient convaincus de la nécessité de pousser l'Eglise allemande vers les missions ; mais ils étaient en même temps très bien renseignés sur les obstacles que ce projet ne manquerait pas de ren-

contrer. En attendant que les Allemands fussent
en état d'avoir des missions à eux, Janicke, homme
fort instruit, commença par ouvrir un séminaire
pour préparer à la carrière apostolique ceux de ses
compatriotes qui s'y sentaient attirés ; cette fondation donna de bons résultats, et quand il mourut,
eu 1877, Janicke avait pu envoyer 80 de ses élèves
travailler dans les missions anglaises et hollandaises.

Ce début modeste ressemble à celui de la plupart des Sociétés qui naissent de 1820 à 1850. On
trouve à l'origine un groupe de croyants qui se
désolent à la stérilité de leur Eglise, qui s'entretiennent dans la ferveur en organisant des associations pieuses pour s'encourager mutuellement dans
la pratique de la vie chrétienne ; le zèle de l'apostolat se développe parmi eux, mais tout leur
manque : les aptitudes personnelles, les coopérateurs, l'argent et l'approbation du gouvernement.
Une occasion leur est donnée de venir en aide par
leurs modestes collectes à une œuvre débutante ;
on ébauche un commencement d'école préparatoire où des jeunes gens vont s'initier à la carrière
apostolique ; on commence timidement — l'Allemand était timide alors — et au moment où l'œuvre
se met à prendre quelque développement, le démon
des divisions confessionnelles vient la bouleverser
et parfois la compromettre irrémédiablement. Et
cependant, toute cette action s'exerce dans un
cercle très fermé et très étroit, qui forme quelques
groupes fervents, perdus dans la masse indifférente : le reste de la nation, livré au latitudinaisme religieux, se désintéresse de ces entreprises ;

quand il ne les ignore pas systématiquement, il lui est hostile.

En 1850 cependant, sept Sociétés (sans compter les Moraves) avaient survécu aux crises de leurs débuts.

1° *Société de Bâle :* d'abord occupée à recruter des sujets pour la *London Missionary Society*, elle a essayé de voler de ses propres ailes. Elle envoie des missionnaires en Perse : ils en sont chassés ; en 1827, les Bâlois tentent de s'établir au Libéria, mais sans succès ; enfin ils s'implantent sur la côte de Guinée, chez les sauvages Achantis, puis, en 1834, sur la côte du Malabar, et, en 1846, à Canton. Ils sont arrivés à sauvegarder leur caractère neutre au milieu des dissensions religieuses, mais cela au prix de gros mécomptes.

2° La *Société de Berlin* est fille de l'activité du pasteur Janicke, et cependant se sépara de son fondateur avant d'entrer dans sa période d'activité. Elle n'a envoyé son premier missionnaire en Afrique qu'en 1834 ; depuis, elle a rayonné dans la colonie du Cap, chez les Cafres, chez les Boers et au Natal.

3° La *Société rhénane* a passé par des vicissitudes sans fin avant de fixer son action dans le sud de l'Afrique occidentale, en 1839 ; depuis, elle s'est établie à Sumatra et au Nyassaland ; son caractère confessionnel est mixte, comme celui de la Société de Bâle.

4° La *Société de l'Allemagne du Nord*, qui a son siège à Brême, s'est constituée par la fusion de diverses Sociétés luthériennes qui se sont de nouveau séparées, mais en laissant à Brême un noyau régulièrement organisé. La période qui va de 1842 à 1850 est très active. Depuis, après avoir abandonné la Nouvelle-Zélande pour conserver ses positions de la Côte d'Afrique, elle y a perdu coup sur coup, par les maladies, 65 de ses sujets. Réduite à une vingtaine de missionnaires, elle est en décadence, sans que les Sociétés rivales qui se sont détachées d'elle paraissent avoir hérité de son ancienne prospérité.

5° La *Société de Leipzig* fut fondée à Dresde à la suite de difficultés entre la Société de Bâle et les Luthériens de l'Allemagne centrale. Sous l'impulsion d'un homme de haute valeur, Graul, elle reprit les missions laissées en souffrance dans le Sud de l'Inde par la Société de Halle agonisante. Les travaux de Graul sur la linguistique et la littérature des peuples dravidiens honorent grandement la science allemande.

6° La deuxième *Société berlinoise*, due à l'initiative du pasteur Gössner, reflète le caractère inventif, mais original, de son fondateur; elle a eu son heure de grande prospérité quand les missionnaires formés par Gössner partaient en foule pour les Indes anglaises et hollandaises, l'Amérique du Nord et l'Ouest africain. Cette Société faillit ne pas survivre à son infatigable directeur et garde dans l'Inde un petit nombre de postes solidement constitués.

7° La *Société d'Hermansburg* doit l'existence à Harms, pasteur luthérien du village d'Hermansburg, dans le duché de Lunebourg. L'idéal dont s'inspirait le fondateur sentait un peu le Moyen Age, dit Warneck, et les moyens préconisés paraissaient étranges aux hommes expérimentés ; mais la foi de Harms, l'autorité absolue que sa vertu lui donnait autour de lui, lui permirent de réussir là où beaucoup d'autres auraient échoué. Avec le temps, on a réformé bien des points de sa méthode ; on le fit même de son vivant et à son grand regret ; on le fit surtout après sa mort, au moment où une partie des adhérents de sa Société firent défection à la suite des dissensions confessionnelles, inévitables, paraît-il, entre les protestants croyants. L'œuvre vit cependant et prospère dans une partie de son ancien et trop vaste champ d'action, limité maintenant au Sud de l'Afrique (Betchuanas et Zoulous) et à une mission dans l'Inde.

L'année 1870 a marqué un renouvellement dans l'histoire de l'Allemagne et aussi dans la psychologie de l'Allemand ; ce fut le point de départ de profondes modifications dans les Sociétés missionnaires allemandes. Avec l'enrichissement rapide du pays, leurs ressources augmentaient ; avec le courant colonial, l'appui du gouvernement leur était acquis ; de nouveaux groupes se fondent même dans la partie libérale de l'Église, qui avait dédaigné le salut des infidèles aussi longtemps que ces infidèles n'avaient aucune chance de devenir des sujets ou des clients.

Reprenons et complétons d'abord pour cette période nouvelle l'histoire des anciennes Sociétés :

1° *Bâle* a été chargée, en 1886, des missions du Kameroun ; elle compte 181 missionnaires, 39,000 baptisés dont 28,500 communiants ; ses ressources s'élèvent à 1,250,000 francs.

2° *Berlin I*, établie en 1891 dans l'Afrique orientale allemande; 93 missionnaires, 35,000 baptisés, 16,500 communiants. Recettes : 500,000 francs.

3° *Mission Rhénane*, dite aujourd'hui d'*Elberfeld*. Outre l'Afrique occidentale allemande dont elle a préparé l'annexion, elle est fixée depuis 1887 à la Terre de l'Empereur Guillaume (Nouvelle-Guinée); 123 missionnaires, 4 médecins, 15 dames missionnaires, 72,400 chrétiens, (dont 40,000 à Sumatra), 29,500 communiants. Recettes : 750,000 francs.

4° La Société de *Brême* n'a pas de mission dans les colonies allemandes : 20 missionnaires, 2,300 chrétiens, 1,350 communiants. Recettes : moins de 200,000 francs.

5°-6° *Berlin II* (*Gössner Hermansburg*) n'ont pas acquis non plus d'établissement dans les possessions allemandes; elles ont respectivement 36 et 65 missionnaires, 39,000 et 46,000 baptisés, 250,000 et 400,000 francs de recettes.

7° *Leipzig*, chargée, concuremment avec *Berlin I*, de l'Afrique orientale allemande, a établi des postes jusqu'au mont Kilimandjaro. Elle n'emploie que 40 missionnaires qui ont inscrit 17,800 fidèles dont 8,000 communiants. Les ressources atteignent 600,000 francs.

A ces Sociétés anciennes, il faut en ajouter plusieurs qui sont de création récente : Société de Schleswig-Holstein, à Breklum (1877); Société de Neukirchen, en Hanovre (1882); Société générale des Missions évangéliques (1884); troisième Société berlinoise (1885). Les résultats ne sont pas encore très appréciables.

Pour être complet, le tableau doit comprendre les missions des protestants allemands d'Amérique, dans l'archipel de Bismarck et le Kameroun, et celle des diaconesses de Kaiserswerter, en Egypte, où elles dirigent un hôpital admirablement tenu.

En résumé, l'Allemagne envoie au loin 830 missionnaires, plus 100 femmes; les convertis sont 350,000, sans tenir compte des catéchumènes. Les dépenses s'élèvent à 4,325,000 marcks, soit près de 5 millions et demi de francs (1).

Suisse. — La Suisse n'a qu'une société de missionnaires, car celle de Bâle est presque exclusivement allemande. La *Mission romande* de Neufchâtel envoie une quinzaine de pasteurs au Transvaal et dans la colonie portugaise de Delagoa. 8,000 fidèles. Budget actuel : 180,000 francs.

France. — La *Société des Missions évangéliques de Paris*, fondée en 1823, a commencé par s'intéresser aux missions d'autres Sociétés ; cependant, dès 1829, elle a jeté les yeux sur l'évangélisation du Lessouto, pays alors presque ignoré, qu'arrose le cours supérieur du Calédon et de l'Orange ; puis fut créée la mission du Zambèze.

En 1865, le gouvernement français, inquiet du caractère que prenait la propagande anglaise dans nos possessions de l'Océanie, offrit à la Société française de s'occuper des protestants de Taïti et dans les îles voisines ; entre temps, les mêmes missionnaires avaient été appelés à créer un établissement à Saint-Louis du Sénégal.

(1) Warneck, p. 137, note 2.

En 1887, ce fut au Gabon que la Société parisienne fut invitée à se substituer aux Presbytériens américains, et, en 1895, après la conquête de Madagascar, on recourut à elle pour remplacer les missionnaires anglais qui avaient pris parti un peu trop ouvertement contre la France et avaient presque donné raison à ceux qui disaient, avec M. le Myre de Vilers : « A Madagascar, qui dit protestant dit Anglais, qui dit catholique dit Français. »

Sur six missions, la Société évangélique en a donc quatre dans les colonies françaises. Les renseignements complets font défaut sur les résultats numériques.

En Océanie, 6 pasteurs et 6 instituteurs européens assistés par 36 collaborateurs indigènes ont à administrer 37 chrétientés avec 5,040 fidèles.

La mission du Lessouto a 17 missionnaires, 8 autres européens, professeurs, institutrices, ou contremaîtres, et 8 pasteurs nègres ; elle a enregistré pour 1900 : 11,500 fidèles.

La mission du Zambèze, et celle du Lessouto comptent environ 2000 communiants, mais le *Journal des Missions évangéliques*, organe officiel de la Société, publie chaque mois des nouvelles désastreuses sur cette partie du continent noir : la mort y frappe à coups redoublés parmi nos compatriotes. En février, c'est un chef d'atelier, naguère plein de force physique et morale, qui succombe à vingt-quatre ans ; en mars, un jeune missionnaire de vingt-cinq ans, sur qui on était autorisé à fonder de grandes espérances ; en mai, c'est un petit nouveau-né qui succombe entre les bras de ses parents ; à la même époque, c'est une jeune femme qui a partagé les travaux de son mari dans une contrée insalubre et que l'impitoyable hématurie arrache en quelques jours à l'affection des siens.

Une autre épreuve pour cette Eglise est celle que lui donne la défection d'une partie de ses enfants. Il existe en formation, dans la région du Zambèze, sous le nom d'Ethiopisme, une secte indigène, pénétrée de la haine de race, et qui, appliquant la formule « l'Afrique aux Africains », essaie de substituer son action religieuse à celle des blancs, dans quel esprit et grâce à quels procédés, on peut le supposer quand on connaît un peu le caractère mal pondéré des noirs. Un certain nombre d'élèves, d'instituteurs et même, je crois, d'évangélistes formés par la mission sont passés dans la nouvelle communauté qui, bien fournie d'argent (l'argent de qui ? — des Anglais, sans doute (1) ?), entreprend une concurrence brutale contre les œuvres préexistantes. Les protestants français ne peuvent pas trouver mauvais, à la rigueur, qu'on fréquente une chapelle plutôt qu'une autre, mais ils s'affligent, à juste titre, de voir leurs émules s'établir à la porte de leurs écoles pour y ouvrir des écoles rivales, et en face de leurs temples pour attirer leurs ouailles dans un temple où la propagande est dirigée contre eux avec les procédés blessants qui sont familiers aux gens qui ont reçu une demi-éduca-

____

(1) Non, m'a-t-on dit, mais des Américains, ou plus exactement des communautés formées de noirs, aux Etats-Unis.

tion ; il est dur de voir répondre aux bienfaits
par l'ingratitude.

Décimés par la maladie, nos compatriotes s'inclinent devant la volonté de Dieu ; c'est la mort
du soldat : ils l'envisagent avec courage ; mais se
sentir trahis, c'est de quoi démoraliser l'armée la
plus solidement organisée.

La figure d'un vénérable vieillard domine sereinement cette triste situation, celle du pasteur
Coillard, un vétéran de la mission, presque un de
ses fondateurs. Malgré ses quatre-vingts ans, il
demeure infatigable, formant les collaborateurs
que la France lui envoie, les voyant succomber
tour à tour à la fièvre ou au découragement ; lui,
solide comme un vieux chêne, il résiste aux orages,
fort de sa soumission à Dieu. « Vous partagez avec
nous, écrivait-il le 12 février dernier, la confiance
profonde et inébranlable que c'est bien à nous que
Dieu a confié la mission du Zambèze. A nous donc
de l'envisager virilement dans toute sa grandeur,
dans toute sa réalité, avec toutes ses difficultés et
toutes ses exigences. C'est malgré son climat
meurtrier et malgré des difficultés colossales et
sans nombre que, par obéissance, nous sommes
venus au Zambèze. Aujourd'hui, ne craignons pas
de l'affirmer, c'est spécialement à cause de ces
difficultés inouïes et de ce climat terrible que
nous nous sentons liés à poursuivre la mission qui
nous est chère... Dieu nous honore en nous confiant l'un des postes les plus périlleux de sa glorieuse armée. Ne laissons pas s'éteindre l'étincelle
d'enthousiasme qui a jailli dans nos cœurs pour
sa cause ; ne lui marchandons pas nos biens et

nôtre vie qui lui appartiennent, et quand les besoins, comme aujourd'hui ici, sont si pressants, que sa cause risque d'être compromise, et qu'il faut faire appel à notre bonne volonté, donnons-lui, donnons-nous joyeusement. »

Les missions du Sénégal et du Congo n'ont pas encore pour le moment une grande importance, mais il n'en est pas ainsi de celle de Madagascar, où la Société française était appelée par le gouvernement à se substituer entièrement aux missions anglaises. C'était une tâche disproportionnée avec les ressources du protestantisme français que de remplacer d'un seul coup les 75 missionnaires de la Société de Londres. On ne put envoyer que quelques pasteurs, et encore, presque à leur arrivée, deux d'entre eux, victimes de leur inexpérience et peut-être de leur témérité, étaient assassinés par les « fahavalos ». Depuis, il est arrivé d'assez importants renforts, mais la maladie fait là aussi de terribles trouées dans les rangs des missionnaires ; la situation est devenue assez critique pour que la Société de Paris ait dû confier le poste central de Tananarive à son propre secrétaire général, le pasteur Bianquis ; n'écoutant que son zèle, il est parti, à l'âge où l'acclimatation est difficile, pour ce poste de combat plus périlleux pour lui que pour un homme plus jeune.

Dans la réunion du 21 juillet où M. et Mme Bianquis prenaient congé de leurs amis et coreligionnaires, M. Bianquis a prononcé un discours émouvant dont voici un passage : « Les jeunes missionnaires partent avec joie ; ils emportent avec eux leur foyer ; le nôtre va être démembré et nous laissons derrière nous tous nos trésors terrestres (six jeunes enfants). Pour nous consoler ou nous donner le change, nous n'avons pas la ressource des illusions. Nous sommes à l'âge où déjà les ombres s'allongent sur le sentier, où les pressentiments d'avenir se teintent de mélancolie. Malgré les déclarations rassurantes des hommes les plus compétents, nous n'ignorons pas les dangers que nous pouvons courir. Mais, si nous partons avec tristesse, avec déchirement et non sans appréhension, nous partons avec résolution, et, malgré tout, avec confiance. « Celui qui nous a appelés est fidèle. » Nous nous appuyons sur ses promesses et nous nous reposons sur son amour. » On voit par là que notre compatriote a du bon sang français dans les veines.

Ce qui réchauffe et vivifie le sang, c'est le cœur ; et le cœur de la Société des Missions évangéliques françaises, c'est la maison des Missions du boulevard Arago. Nous devons déplorer que tant de vertu et de zèle soient dépensés pour faire prévaloir des doctrines qui s'écartent des nôtres, mais il faut aussi reconnaître qu'il se fait là un grand travail et que, sous une direction élevée, des âmes s'épurent et de grands sacrifices se consomment pour la gloire de Dieu. Voici quelques fragments du discours prononcé le 13 janvier dernier au temple de l'Oratoire par le directeur de la Maison des Missions, le pasteur Bœgner, à l'occasion de la consécration d'un missionnaire : « Le fondement de l'œuvre des Missions, c'est Jésus-Christ et le salut qu'il apporte aux pécheurs... On a voulu appuyer l'œuvre sur d'autres fondements, la faire

découler d'autres motifs, mais l'événement, aussi
bien que la réflexion, prouve que c'est à tort. »
Est-ce la patrie... ? mon Eglise... ? l'amour de
l'humanité ? « Mais si cet amour n'a pas sa source
dans un autre amour, plus profond et plus fort,
s'il n'est qu'un enthousiasme chevaleresque et
juvénile, je ne lui donne pas deux ans pour se
flétrir au contact des vices et des misères du paganisme et pour faire place à la dureté et au mépris
qui animent trop souvent le colon dans ses rap-
ports avec les populations conquises. »

« Le fondement que nous cherchons sera-t-il
l'amour de notre œuvre elle-même ? Cette œuvre
est si belle qu'elle mérite, en effet, d'exalter tous
les enthousiasmes : il n'en est pas de plus grande
sur la terre. Mais, écoutez ici une confession :
cette œuvre se heurte, d'autre part, à tant de difficultés, elle entraîne de si douloureux sacrifices,
elle semble si souvent stérile, ou, tout au moins,
d'un effet si douteux, que s'il n'existait pas pour la
continuer d'autres motifs que cette œuvre elle-
même, ah ! je ne ne dis pas qu'on serait tenté de
l'abandonner, mais je dis que la force manquerait pour la poursuivre avec courage. Pour l'entre-
prendre et surtout pour y persévérer, il n'a fallu ni
plus ni moins que l'ordre du Maître lui-même. Et
encore cet ordre tout seul n'a-t-il pas suffi. Il a re-
tenti pendant des siècles sans être obéi : il n'a été
suivi que quand il a rencontré des cœurs brisés
par le sentiment du péché et relevés par le par-
don. »

« Ah ! pour le coup, voilà, voilà le fondement
solide, voilà la raison d'être suffisante des mis-

sions : Jésus, propitiation pour mes péchés, est aussi propitiation pour les péchés du monde, voilà la pensée dont l'apôtre Jean m'arme et par laquelle il me voue à l'œuvre des missions ! »

Voilà une parole profondément chrétienne, et si j'osais dire, sacerdotale.

Il faut subvenir aux besoins de toutes ces œuvres, et le budget annuel s'élève à près de 1,100,000 fr. Où le prendre ? Il y a quelques subventions officielles ; les collectes faites dans les missions mêmes, et qui, pour l'Océanie, donnent 100,000 francs ; mais cela ne suffit pas. Il faut tendre la main aux protestants étrangers : de Suisse, d'Angleterre et d'Allemagne il arrive de grosses aumônes, mais je ne crois pas me tromper en disant que 600.000 fr. sont recueillis en France, où on compte à peine un peu plus de 600,000 protestants.

Cela ne doit-il pas nous faire rentrer en nous-mêmes, nous catholiques français, si fiers cependant des sacrifices que nous nous imposons pour soutenir nos missionnaires. Le budget des missions françaises s'élève, d'après le P. Piolet (1), à 15 ou 18 millions pour 36 millions de catholiques. Tous les catholiques français ne sont ni fervents, ni charitables, ni riches, dira-t-on ; mais tous les protestants le sont-ils ? et alors pourquoi cette disproportion ?

(1) *Correspondant* du 25 juillet 1901, p. 201.

IV

CONCLUSION

La situation générale du protestantisme en pays de mission peut se déduire du tableau suivant dressé d'après Warneck (1).

AMÉRIQUE

Groënland, Labrador, Alaska	19.500
Missions des Indiens de l'Amérique du Nord.	135.500
Antilles	800 000
Centre et Sud	215.000
	1.170.000

AFRIQUE

Ouest	145.000
Sud	575.000
Est et Centre.	34.500
Iles	250.000
	1.004.500

(1) *Op. cit.*, pp. 200, 253, 339 et 360.

ASIE

Turquie et Perse	85.000
Inde.	817.000
Possessions hollandaises.	347.000
Chine et Corée	210.000
Japon	50.000
	1.509.000

OCÉANIE

Polynésie	208.000
Mélanésie	44.000
Micronésie	25.000
Australie	1.200
Nouvelle-Zélande	33 000
	311.000
	3.994.500

Comparés avec ceux des missions catholiques, ces résultats ne paraissent pas à première vue très considérables, mais il faut tenir compte de ce fait qu'au début du XIX⁰ siècle le protestantisme n'avait conquis encore que 70,000 âmes et que, depuis, son développement suit une progression toujours accélérée.

En 1881, la statistique donne le chiffre total de 2,283,000, l'accroissement annuel est de 125,000 depuis cette époque.

En 1882, le professeur Christlieb, de Bonn, estimait que le nombre des protestants de l'Inde, qui était de 22,000 en 1852, de 50,000 en 1862, de 78,500 en 1872, de 460,000 en 1882, serait en 1900 de 1,000,000 (1).

(1) Dʳ CHRISTLIEB : *The foreign missions of protestantism* (éd. anglaise), pp. 158 et 159.

Or, le chiffre communiqué au congrès de New-York, établi postérieurement aux données utilisées par Warneck, est pour 1900 de 1,081,000.

Il serait fort inexact de penser que pendant que l'œuvre protestante se développe, le travail des catholiques est infructueux. J'ai dit que la France envoie 18,500 missionnaires : le P. Piolet estime que toutes les nations catholiques réunies en donnent 22,300 (6,000 prêtres, 3,800 Frères, et 12,500 Sœurs (1). Les résultats sont bien encourageants et montrent que leurs efforts n'ont pas été inutiles. L'Afrique, au commencement du siècle, pouvait contenir 15.000 chrétiens ; il y en a aujourd'hui 2,650,000. L'Océanie est passée de quelques centaines à 1,600,000, sans compter les 5,000,000 de catholiques des Philippines. Au million de protestants de l'Inde nous opposons 2,000,000 de catholiques ; si 210,000 Chinois et Japonais ont embrassé la réforme, il y en a 1,600,000 qui sont catholiques en y comprenant l'Indo-Chine). Autant qu'on peut séparer les convertis et fils de convertis des catholiques d'Europe immigrés dans les pays lointains, on peut évaluer à 9 millions le nombre des chrétiens relevant des missions.

Il n'est est pas moins vrai que le protestantisme progresse avec rapidité, et, devant cette marée montante, les nations catholiques doivent redoubler d'efforts et développer pour le succès de leur cause autant d'activité, de zèle, de générosité et d'esprit de renoncement que les nations protestantes. Les gouvernements ont le devoir de servir

(1) Page 194

une cause qui est la leur, car l'expansion économique d'un peuple est le plus souvent solidaire de
son expansion religieuse.

En sommes-nous là en France ? Hélas ! j'écris
ces pages au moment où une loi de fer menace
nos Ordres religieux et va tarir le recrutement de
nos missionnaires...

BIBLIOGRAPHIE

WARNECK, professeur à l'U. de Bonn. *Abriss einer Geschichte der protestantischen Missionen, von der Reformation auf der Gegenwart* 1 vol., Berlin 1900 (6e édition).

CHRISTLIEB. — *Protestant foreign Mission* (traduit de l'allemand), 1 vol., Londres, 1881.

GUNDERT. — *Die evangelische Missionen*, 1 vol., Calv. et Stuttgard 1894.

GRUNDEMANN, — *Atlas des Missions Protestantes*, Calv, et Stuttgard 1896.

Ecumnical missionary Conférence, 1900, 2 vol., Londres et New-York, 1901.

PASTEUR APPIA. — *Les martyrs de la Mission de Chine*, 1 vol., Paris, 1901.

R. ALLIER. — *Les troubles de Chine et les missions chrétiennes*, 1 vol., Paris, 1901.

F. COILLARD. — *Sur le haut Zambèze*, 1 vol., Paris.

A. BERTRAND. — *Au pays des Barotsis*, 1. vol., Paris.

— *En Afrique avec le missionnaire Coillard*, 1 vol., Paris.

Journal des Missions Évangéliques, mensuel, Paris.

R. P. RAGEY, mariste. — *Les missions anglicanes*, av. préf. de Mgr Le Roy. 1 vol., Paris, 1899.

Dict. de Théologie. Articles Asie, Afrique, Amérique etc. (par Mgr Le Roy, MM. Pisani, Tanquerey, etc.)

BRICOUT. — Les missions protestantes (*Revue du Clergé Français* (mai 1901).

TABLE DES MATIÈRES

FIN DE LA TABLE

Imprimerie BUSSIÈRE Saint-Amand (Cher).